LETTRE

A UN DÉPUTÉ

OU LE

COURONNEMENT DE LA RÉPUBLIQUE

Par M. NEVIANO.

Juillet 1878.

PRIX : 25 Centimes.

LETTRE A UN DÉPUTÉ

LETTRE

A UN DÉPUTÉ

OU LE

COURONNEMENT DE LA RÉPUBLIQUE

Par M. NEVIANO

Juillet 1878.

PRIX : 25 Centimes.

République et Monarchie : voilà les deux mots qui résument aujourd'hui la situation politique en France. Les républicains ont une incontestable majorité ; les monarchistes, fractionnés en trois camps, une imposante minorité. Comment concilier des intérêts en apparence si opposés ? Comment donner satisfaction à chacun dans la mesure du possible ? Comment arriver à une espèce d'unification politique qui rende au pays sa tranquilité, sa prospérité, sa force et sa gloire ? Voilà ce que tout bon citoyen doit chercher aujourd'hui en faisant le sacrifice, si c'est nécessaire, de ses préférences personnelles, de ses sympathies les plus invétérées.

On a abusé du mot conciliation et on a peu pratiqué la chose ; c'est pourtant dans cette pratique que se trouve la solution du problème. Mais la pratique vraie de la conciliation, il ne faut pas la demander aux chefs de parti, qui ne sauraient ni la désirer, ni la réaliser ; il faut la demander au bataillon des adhérents, qui se lassera de ce spectacle de luttes intestines, de rivalités locales,

de manifestations tumultueuses ; il faut la demander aux masses intelligentes qui n'auront pas de
peine à comprendre qu'on peut sacrifier un homme
sans toucher au principe. Il faut la demander aux
organes, à tous les organes de la presse, qui, au
milieu des combats électoraux, oublient (1) une
chose importante : c'est qu'il n'y a que des Français dans les deux camps ; il faut la demander
aux faiseurs de processions civiles,

> Pour qu'ils laissent dormir au fond de leur suaire
> Jeanne Darc et Rousseau, Belzunce et Voltaire.

Mettons-nous d'abord sur le terrain de la constitution qui nous régit, et considérons cette constitution comme la résultante des événements anté-
rieurs, comme une loi primordiale qui commande
à tous respect et obéissance. La constitution, en
nous faisant tous républicains, nous a permis à
tous de discuter sur le fond comme sur la forme
du gouvernement. Le fond doit rester républicain, si l'on entend par ce mot la chose publique:
res publica ; mais la forme peut parfaitement
être monarchique. Qu'importe, après tout, l'éti-
quette ? La forme peut être monarchique, mais

____

(1) Dans leur déplorable exclusivisme.

en se rapprochant le plus possible de la forme républicaine, c'est-à-dire en supprimant l'hérédité,
en n'excluant aucune famille du trône au profit de
telle autre ; c'est la Monarchie élective, c'est la
République avec un Président à vie portant le
titre de Roi. Quel avantage y aurait-il à ce que
le Président fut nommé à vie ? La stabilité ! Quel
avantage y aurait-il à ce qu'il portât le titre de
Roi ? On vous le dira à Londres, à Berlin, à Saint-
Pétersbourg, à Vienne, à Madrid et à Rome. On
vous dira qu'il ne manque qu'une chose à la
France ; c'est de cadrer avec les autres États
européens ; on vous dira qu'il y a à Paris une
place vacante, objet des plus ardentes convoitises,
des plus vives compétitions ; lorsque la place ces-
sera d'être vacante, les compétiteurs se résigne-
ront, et la véritable fusion s'opérera. Il n'y a pas
de place pour trois, a dit un grand homme, mais
il y a de la place pour un, répondrons-nous. Et
celui-là, nous ne lui demandons qu'une chose,
c'est d'être l'image de la République couronnée.
Peu nous importe d'ailleurs qu'il se nomme
d'Aumale ou Mac-Mahon, Louis, François ou
Léon. Le choix appartient à la France.

Le principe électif deviendra donc la base de
nos institutions ; ce principe utile, indispensable.

même à la connaissance des vœux et des besoins d'une nation, ne doit pas être exagéré dans son application ; il ne doit pas envahir toute l'économie de l'ordre social, sous peine d'amener fatalement avec l'instabilité la perturbation administrative, judiciaire, parlementaire et gouvernementale.

Le principe électif doit être appliqué uniformément afin de ne pas tomber dans des erreurs pareilles à celles que l'on trouve dans notre loi municipale, qui veut que les petites communes nomment leurs maires et que les grandes ne le nomment pas ; ce qui revient à abandonner la direction dans les communes qui en ont le plus besoin, à enlever au pouvoir son unique représentant légal et à faire perdre à ce représentant son prestige et son autorité.

Le chef de l'Etat possédant le sacrement de l'élection, et choisissant ses ministres parmi les élus du suffrage universel, donne au principe électif une satisfaction très-suffisante au point de vue gouvernemental.

Cette satisfaction donnée au principe électif est encore complétée, au point de vue de l'intérêt des régions et des subdivisions de régions, par la composition et les attributions susceptibles de développement des conseils généraux, des conseils d'arrondissement et des conseils municipaux.

Là doivent s'arrêter les effets du principe électif.

Cette limite des droits de l'élection a été méconnue dans le mode adopté pour la nomination des maires.

Le maire est aujourd'hui le réprésentant de l'autorité administrative, de l'autorité judiciaire et de la commune. Cette triple représentation constitue une charge anormale, irrégulière, impossible à force d'hétérogénéité. Pratiquement, ce magistrat, sans trop s'inquiéter de la multiplicité de ses fonctions, suit, à travers une mer semée d'écueils, le courant le plus favorable à sa réélection.

« Les principes vitaux d'un gouvernement sont immuables. » La nomination du maire doit donc appartenir au ministre de l'intérieur comme celle des préfets et sous-préfets, sans quoi il n'y a pas d'administration possible, sans quoi l'autorité du ministre finira par être circonscrite à son hôtel, au lieu de rayonner bienfaisante et féconde sur toute l'étendue du territoire. D'ailleurs, en vertu de quel droit le maire serait-il armé de prérogatives qui ne peuvent être considérées que comme une émanation du pouvoir central, si ces prérogatives doivent tourner un jour contre ce pouvoir ?

Reprenez, Monsieur le Député, reprenez, au profit du ministre, le droit de nomination des maires qui doivent être partout les hommes de l'administration ; c'est le moyen le plus sûr de laisser marcher la République avec ou sans couronne. N'est-il pas évident que tout fonctionnaire doit être soumis à la Constitution ?

Quelle garantie avez-vous ? Ne faut-il pas mettre un terme à cette trilogie de maire bonapartiste, maire royaliste, maire républicain. Il ne faut qu'une catégorie de maires comme il ne faut qu'une catégorie d'employés ou de fonctionnaires tous républicains constitutionnels.

La clause de révision inscrite dans la Constitution doit être considérée comme la soupape de sûreté de la machine : elle doit servir au perfectionnement et non à la destruction, en préservant le gouvernement contre ses propres excès, en les préservant aussi contre les attaques intempestives de ses ennemis. La clause de révision, c'est le progrès assuré sans révolution. Quant à la durée de la période de fixité, elle doit être pro—

portionnée au tempérament politique de chaque
pays ; elle pourrait être en France bi-décennale,
si l'on en juge par les événements du siècle.

Cette période de vingt ans nous paraît bien
appropriée au caractère français.

Nous avons essayé d'indiquer le véritable terrain de la conciliation en donnant au parti républicain une part conforme à ses aspirations à ses
désirs, à ses droits ; en donnant aux partisans de
la Monarchie tout ce qu'en bonne justice il est
possible de leur donner. Mais il ne faudrait pas
que ces derniers s'imaginassent pouvoir se servir
d'une porte d'entrée quelconque pour implanter
un autre système répudié aujourd'hui par la majorité. Il est essentiel de bien se persuader que la
Constitution est tout, avant tout, et par dessus
tout.

Le Roi de France n'est pas autre chose que le
Régént de la République française, obéissant à
la Constitution comme tous les autres citoyens.
Rex Reipublicæ! Voilà un rapprochement qui
va paraître monstrueux aux royalistes de vieille
souche, discordant aux vétérans de la République; pourtant, regardez bien ces deux mots, ils

n'ont rien d'incompatible. Le Roi de France donnant la main à la République française! Et pourquoi non ? Ne sont-ils pas tous deux sortis de l'élection? Ne représentent-ils pas tous deux les forces vives de la nation? Pourquoi n'allierait-on pas ces deux forces ? Le régime nouveau n'a-t-il pas tout à gagner à s'asseoir, non pas sur la ruine des partis, mais sur une union qui permette aux monarchistes d'aimer la République et aux républicains d'aimer le Monarque qu'ils auront choisi, le Roi du suffrage universel.

En résumé, nous dirons aux républicains : « Vous voulez la République? Vous aurez des institutions républicaines qui seront la base de la Constitution, qui seront garanties par elle, qui seront mises par elle à l'abri de tout coup d'Etat ou de tout autre escamotage ; voilà votre part : c'est la plus belle, et c'est justice puisque vous êtes la majorité ; mais il faut bien faire la part des vaincus (que vous ne voulez ni ne pouvez supprimer), d'abord parce qu'ils sont Français, ensuite parce qu'ils se comptent encore par millions ; donnez-leur donc ce qu'il est possible de leur attribuer ; on ne vous demande qu'une légère modification à l'ordre des choses établi : la substitution de la Présidence à vie à la Présidence septennale et le changement de dénomination du chef de l'Etat qui prendrale titre de roi de France, sans cesser d'être le Régent de la République française. Cette modification a un double avantage, elle donne à la République la stabilité ; elle lui donne aussi la conquête de la royauté, dont la soumission est mille fois plus précieuse que la démission. Enfin, on ne vous impose aucun homme, chacun ayant la liberté de choisir son candidat.

Nous disons aux monarchistes, bonapartistes, légitimistes et orléanistes : « Vous voulez un souverain, vous l'aurez ; mais il sera choisi directement par le suffrage universel devant la décision duquel chacun devra s'incliner d'une manière définitive ; mais outre les prérogatives les plus indispensables il n'aura d'autres attributions que celles du Président de la République. Vous êtes les vaincus ; l'honnêteté politique vous commande de vous soumettre aux conditions du vainqueur qui veut la paix, mais qui ne veut pas perdre le fruit de sa victoire.

Cette double reconnaissance du Roi par la République, de la République par le Roi donnerait au pays une force incalculable en ce qu'elle amènerait le désarmement des partis à l'intérieur, en ce qu'elle nous permettrait de donner la main à l'Europe monarchique, en ce que nous constituerions chez nous la plus forte des Républiques, la République monarchique, la plus forte des Monarchies, la Monarchie républicaine.

Et puis, nous avons essayé depuis bientôt un siècle toutes les formes de gouvernement, aucune n'a réussi d'une manière complète, pourquoi n'essaierions-nous pas aujourd'hui celle qui, donnant à tous une satisfaction légitime, doit être considérée comme le couronnement de la République.

Nous terminons cette lettre, Monsieur le Député, en vous priant de la considérer comme l'expression de notre mandat postulatif et en prenant Dieu à témoin que nous ne nous sommes laissé guider, en écrivant ces lignes, que par un sentiment : l'amour de la Patrie.

NÉVIANO.

Rouen.—Imp. E. CAGNIARD. r. Jeanne-d'Arc, 88, et des Basnage, 5